## DATE DUE

| | | | |
|---|---|---|---|
| | | | |
| | | | |
| | | | |
| | | | |
| | | | |
| | | | |
| | | | |
| | | | |
| | | | |
| | | | |
| | | | |
| | | | |
| | | | |

# Anfibios increíbles

John Townsend

Chicago, Illinois

© 2008 Raintree
Published by Raintree,
A division of Reed Elsevier, Inc.
Chicago, IL

For information, address the Publisher:
Raintree, 100 N. LaSalle, Suite 1200, Chicago, IL 60602

Spanish translation produced by DoubleO Publishing Services

Printed and bound in China
12 11 10 09 08
10 9 8 7 6 5 4 3 2 1

**Library of Congress Cataloging-in-Publication Data**

Townsend, John, 1955-
[Incredible amphibians. Spanish]
Anfibios increíbles / John Townsend.
    p. cm. -- (Criaturas increibles)
Includes index.
ISBN 978-1-4109-3058-3 (hb - library binding) --
ISBN 978-1-4109-3067-5 (pb)
1. Amphibians--Juvenile literature. I. Title.
QL644.2.T6918 2007
597.8--dc22
                            2007035771

This leveled text is a version of Freestyle: Incredible Creatures: Incredible Amphibians.

**Acknowledgments**
Bryan & Cherry Alexander p. 40 left; Corbis pp. 20 (Lynda Richardson), 24 right (David A. Northcott), 42–3 (Phil Schermeister), 48 bottom (Martin B. Withers/Frank Lane Picture Agency), 51 (Fadek Timothy); Digital Vision pp. 5 bottom, 32; FLPA pp. 6 right (John Tinning), 7 (Michael Clark), 8 right (Yossi Eshbol), 12 right (Albert Visage), 12 left (Roger Wilmshurst), 13 (Minden Pictures), 16 (Alwyn J. Roberts), 16–17 (Michael Clark), 18 bottom (Tony Hamblin), 22 right (David Hosking), 24 left (Richard Brooks), 26 right (Silvestris), 27 (G. Marcoaldi/Panda Photos), 28 (Alwyn J. Roberts), 28–9 (Martin B. Withers), 30 left (B. Borrell), 31, 33 (Minden Pictures), 40 right (Chris Mattison), 47 (B. S. Turner); Getty Images p. 10 right; Naturepl pp. 14 (Morley Read), 39 (Jose B. Ruiz), 46 (Dietmar Nill); NHPA pp. 4, 4–5 (Stephen Dalton), 5 top (Stephen Dalton), 5 middle (Stephen Dalton), 6 left (Stephen Dalton), 8 left (Rod Planck), 9 (National Geographic), 10 left (Stephen Dalton), 11 (John Shaw), 14–15 (Daniel Heuclin), 15 (Jany Sauvanet ), 18 top (Stephen Dalton), 19 (G. I. Bernard), 20–1 (Stephen Dalton), 21 (Stephen Dalton), 22 left (Daniel Heuclin), 26 left (Daniel Heuclin), 29 (Stephen Dalton), 30 right (Ant Photo Library), 34–5 (Robert Erwin), 36 (Ant Photo Library), 36–7 (Daniel Heuclin), 37 (Ant Photo Library), 38 bottom (Stephen Dalton), 38 top (Ant Photo Library), 41 (Karl Switak), 43 (Stephen Dalton), 44 (Ralph & Daphne Keller), 44–5 (Stephen Dalton), 48 top (Bill Coster), 49 (Ant Photo Library), 50 (Stephen Dalton); Oxford Scientific Films pp. 17 (David M. Dennis), 23 (Dess & Jen Bartlett/FAL), 32–3 (Nick Gordon), 34 (Alan & Sandy Carey), 42; Photodisc p. 25; Photofusion pp. 50–1 (David Preston); Science Photo Library 45 (Dr Morley Read)

Cover photograph of a green frog reproduced with permission of Science Photo Library (David N. Davis)

**Disclaimer:**
All the Internet addresses (URLs) given in this book were valid at the time of going to press. However, due to the dynamic nature of the Internet, some addresses may have changed, or sites may have changed or ceased to exist since publication. While the author and Publishers regret any inconvenience this may cause readers, no responsibility for any such changes can be accepted by either the author or the Publishers.

# Contenido

Todas las palabras del texto que aparezcan en negrita, **como éstas**, se explicarán en el glosario. También puedes buscar el significado de algunas palabras en la sección "Palabras salvajes" al final de cada página.

# El mundo de los anfibios

## ¿Puedes creerlo?

Los anfibios son algunos de los animales más viejos de la Tierra. Los científicos creen que han estado aquí desde hace 360 millones de años.

¿Sabías que los anfibios tienen dos vidas? Muchos anfibios comienzan su vida en el agua, en forma de huevo. Cuando nacen, son **larvas** activas que nadan de acá para allá. En vez de pulmones, respiran a través de colgajos de piel que se llaman **branquias**.

## Patas que crecen

Luego, algo asombroso les sucede a los jóvenes anfibios. Comienzan a desarrollar pulmones, les crecen patas y pierden sus colitas onduladas. Salen del agua y comienzan una nueva vida en la tierra.

▲ Las salamandras son anfibios. Ésta es una salamandra gigante.

**larva** etapa temprana de un animal joven que aún no ha adquirido su forma adulta

## Tres grupos

Existen tres grupos principales de anfibios:

- Las ranas y los sapos pertenecen al grupo más grande. Existen más de 3,500 **especies**.

- Los tritones y las salamandras tienen cuerpos largos y delgados con cola. Existen alrededor de 360 especies diferentes.

- Las **cecilias** son anfibios extraños. No tienen patas y parecen lombrices. La mayoría vive bajo tierra.

## Luego, descubrirás...

...qué es un ajolote.

...cómo pueden vivir los sapos dentro de roca sólida.

...por qué esta rana te puede matar.

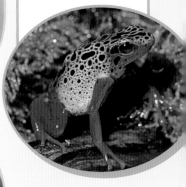

▲ Las ranas tienen patas traseras muy fuertes que las ayudan a saltar.

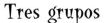

**especie** clase de ser vivo, animal o vegetal

# Conoce a la familia

Existen más de 4,000 **especies** de anfibios en la Tierra. En este capítulo, aprenderemos más acerca de los tres grupos diferentes de anfibios.

## Ranas y sapos

Las ranas viven en todo el mundo, excepto en algunos desiertos e islas. Probablemente las has visto en un jardín, parque o laguna.

## Renacuajos pequeños

Una sola rana puede poner muchos huevos, hasta 30,000 de una vez. Puedes ver que los huevos debajo se están transformando en pequeñas **larvas**. Las larvas de las ranas y los sapos se llaman **renacuajos**.

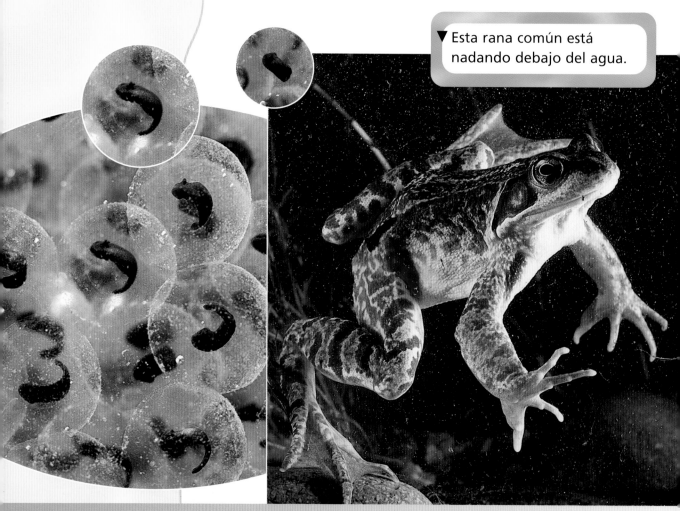

▼ Esta rana común está nadando debajo del agua.

renacuajo  estado joven, o larva, de una rana, sapo, tritón o salamandra

## ¿Rana o sapo?

Algunas ranas y sapos son miembros del mismo grupo de animales. Si miras atentamente, verás algunas diferencias.

Las ranas tienen piel suave y húmeda. Tienen patas traseras largas y saltan con facilidad.

Los sapos generalmente tienen piel más seca y rugosa. Tienen patas cortas, lo que significa que caminan en vez de saltar.

## ¿Llueven ranas?

A veces, los **torbellinos** muy fuertes pueden levantar agua de los lagos junto con renacuajos y ranas. Más tarde, ¡realmente pueden llover renacuajos y ranas!

▼ Una colonia de ranas comunes está en marcha. Están brincando sobre el pasto.

**torbellino** columna de aire que da vueltas y vueltas muy rápido

## Una gran variedad

Las ranas y los sapos tienen muchas formas, tamaños y colores diferentes.

Algunos viven en hoyos que excavan en la tierra. Otros viven en lo alto de los árboles y pueden **planear** en el aire. A la mayoría de las ranas y los sapos les gusta vivir en la tierra cerca del agua, y algunos pasan toda la vida en el agua.

### ¿Cuándo un sapo no es un sapo?

¡Cuando es una lagartija! El sapo cornudo que puedes ver debajo no es ningún sapo. Es un tipo de lagartija.

▼

► Éste es un sapo verde. ¿Puedes ver su piel rugosa y llena de bultos?

**planear** deslizarse en el aire

# ¡Venenosos!

Muchas ranas y sapos tienen venenos en la piel.

Los sapos tienen **glándulas** especiales detrás de los ojos.
Si los atacan, estas glandulas desprenden líquidos venenosos.

Si un gato o un perro atrapa un sapo venenoso, puede que
le salga espuma por la boca. Algunas ranas y sapos producen
venenos tan potentes que pueden ser nocivos para los seres
humanos.

**No muchas personas lo saben...**

Pregunta: ¿Cómo se llama un grupo de ranas?

Respuesta: Una *colonia* de ranas.

◀ ¿Puedes descubrir la rana en este grupo de sapos?

**glándula** parte del cuerpo que produce sustancias químicas, como venenos
o jugos gástricos

El ajolote es una salamandra muy extraña de México.

Algunos viven en la tierra una vez que son adultos. Otros nunca crecen y se quedan en el agua.

## Las salamandras

Muchas salamandras parecen lagartijas con piel suave. Tienen muchas formas y tamaños diferentes. Algunas se llaman tritones.

## Salamandra gigante

Este animal es gigante, tiene un cuerpo grande y pesado, y una cola cortita. Es pegajoso y difícil de sostener, y puede crecer hasta ser más largo que tu brazo. Estos anfibios tienen muchos dientes, pero generalmente no tratan de morder a los seres humanos.

▲ Las salamandras gigantes parecen aterradoras, pero son inofensivas.

## ¿Dentro o fuera del agua?

Algunas salamandras viven en la tierra seca, otras pasan toda su vida en el agua.

Las salamandras que no tienen pulmones viven en la tierra, en lugares húmedos. Respiran a través de la piel.

Las sirenas son salamandras que pasan toda la vida bajo el agua. Parecen anguilas. En vez de pulmones, utilizan **branquias** para respirar.

### Salamandras ancianas

Protegidas en los zoológicos o como mascotas, las salamandras pueden vivir hasta 25 años. ¡Algunas pocas han llegado a vivir más de 50 años!

▼ A diferencia de las ranas, las salamandras conservan su cola cuando crecen. Ésta es una salamandra de cola larga de los bosques de América del Norte.

**branquias** estructuras delicadas como las plumas que permiten que un animal respire bajo el agua

11

## Los tritones

Los tritones son salamandras pequeñas (generalmente más pequeñas que el ancho de esta página). Viven principalmente en el agua, en la mitad norte del planeta.

Como muchas salamandras, los tritones tienen cuatro patas cortas y una cola larga y fuerte. Se esconden en lugares frescos y húmedos. Salen a la noche para alimentarse de caracoles e insectos. Es por eso que no los vemos muy a menudo.

## Verrugas y todo

El tritón crestado (debajo) también se llama tritón verrugoso. Los machos a veces tienen un volado de piel en la espalda, que se llama cresta.

► Estos tritones marmolados coloridos viven en regiones de Europa.

## Patas y colas

Como algunas lagartijas, los tritones pueden **desprenderse** de la cola, o dejarla caer, si los atrapan. Esto puede ayudarlos a escapar. Después de un tiempo, a los tritones les crece una nueva cola.

Si un tritón pierde una pierna, otra le crece en pocos meses. Los científicos aún no saben cómo es que esto ocurre, pero resulta muy útil para el tritón.

## Todo cambia

Cuando es joven, el tritón oriental (debajo) es de color rojo. Vive en la tierra cerca del agua. Después de dos o tres años, vuelve al agua y se convierte en un hermoso adulto amarillo y verde.

desprenderse deshacerse de algo o perder algo

## Largas y cortas

Existen alrededor de 160 **especies** diferentes de cecilias. La más larga mide cerca de 5 pies (1.5 metros). Casi el largo de un rastrillo de jardín.

## Las cecilias

A diferencia de las salamandras, ranas y sapos, las **cecilias** no tienen patas. Tienen cuerpos largos y delgados, y parecen gusanos.

Viven en lugares cálidos, como las selvas **tropicales** de América del Sur y África. Nunca las vemos, ya que viven excavando la tierra y el barro o nadando bajo el agua.

▼ La piel de una cecilia tiene muchos pliegues y puede doblarse en cualquier dirección.

**especie** clase de ser vivo, animal o vegetal

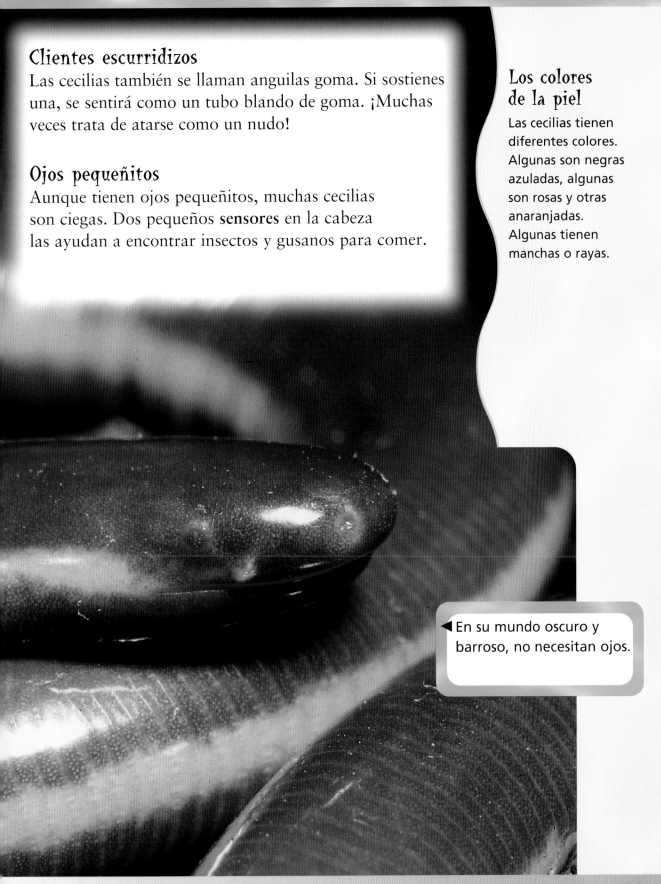

## Clientes escurridizos

Las cecilias también se llaman anguilas goma. Si sostienes una, se sentirá como un tubo blando de goma. ¡Muchas veces trata de atarse como un nudo!

## Ojos pequeñitos

Aunque tienen ojos pequeñitos, muchas cecilias son ciegas. Dos pequeños **sensores** en la cabeza las ayudan a encontrar insectos y gusanos para comer.

## Los colores de la piel

Las cecilias tienen diferentes colores. Algunas son negras azuladas, algunas son rosas y otras anaranjadas. Algunas tienen manchas o rayas.

◄ En su mundo oscuro y barroso, no necesitan ojos.

**sensor** pequeño colgajo carnoso de piel que se utiliza para oler, degustar o tocar

# Cuerpos asombrosos

Los cuerpos de los anfibios son asombrosos porque cambian completamente cuando crecen.

## Aire y agua

Todos los animales necesitan **oxígeno** para vivir. Lo obtienen del aire o del agua. Los animales que viven en el agua, como los peces, respiran con **branquias**. Los animales que viven en la tierra, al igual que nosotros, tienen pulmones.

## Branquias y pulmones

¿Cómo se las arreglan los anfibios si viven en el agua y en la tierra? Es simple: ¡a veces tienen branquias y pulmones!

## Convertirse en adultos

Las ranas tienen branquias solamente cuando son **renacuajos**. Mira los renacuajos abajo. ¿Puedes ver las branquias plumosas a los lados de la cabeza?

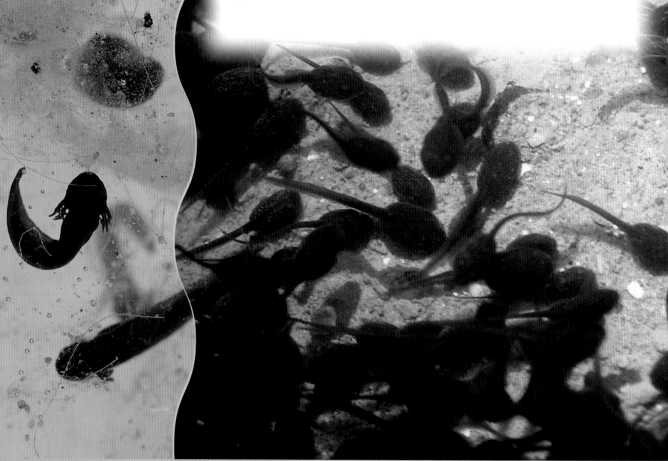

**oxígeno** uno de los gases del aire y del agua que todos los seres vivos necesitan

## Una bocanada de vida

La mayoría de los anfibios, cuando nacen del huevo, son muy similares a los peces. Nadan bajo el agua y respiran con las branquias.

Los anfibios jóvenes toman agua por la boca y la pasan a través de las branquias. Las branquias toman el oxígeno del agua y lo pasan a la sangre.

### El necturus

A diferencia de otras salamandras, el necturus (debajo) permanece en el agua y conserva sus branquias cuando es adulto. Las branquias parecen plumas rojas al costado de la cabeza.

◄ Si hay demasiados renacuajos en una charca, pueden consumir todo el oxígeno y morir.

**branquias** estructuras delicadas como las plumas que permiten que un animal respire bajo el agua

## Las branquias de los renacuajos

Los renacuajos recién nacidos tienen branquias que cubren su cuerpo. Una capa de piel crece rápidamente sobre ellas para protegerlas.

## La vida en la tierra

A medida que la mayoría de los anfibios se convierte en adulto, las **branquias** comienzan a desaparecer y crecen pulmones en su lugar. Esto significa que los anfibios pueden respirar fuera del agua.

Los adultos tienen otra manera de introducir **oxígeno** en su cuerpo. Pueden respirar a través de la piel, que deja pasar el agua y el oxígeno. No es **impermeable** como nuestra piel.

▼ Las ranas comunes no necesitan beber. Pueden tomar agua a través de la piel.

**glándula** parte del cuerpo que produce sustancias químicas, como venenos o jugos gástricos

## Piel asombrosa

Los anfibios tienen **glándulas** en la piel que producen una baba. Una capa de baba ayuda a mantener la piel húmeda. También facilita la respiración del animal.

## Mantener la humedad

Es muy importante que las ranas no se sequen. La piel deja que el agua entre y salga. Las ranas pueden perder mucha agua con facilidad y morir. Es por eso que generalmente viven cerca del agua.

## La piel vieja

Las ranas **se desprenden** de la piel con regularidad para mantenerla saludable. Se retuercen y logran salir de la piel vieja, como si fuera una camiseta pegajosa. Adivinen lo que sucede luego... ¡La rana se come su propia piel!

▼ Esta rana se está comiendo su piel desprendida, que contiene **nutrientes** beneficiosos.

**nutriente** sustancia que se encuentra en los alimentos y que es necesaria para que el cuerpo crezca fuerte y sano

# Alimentación

## Comida de salamandra

Las salamandras que viven en el agua absorben la presa con la boca. En la tierra, algunas se alimentan como las ranas. Sacan la lengua pegajosa para atrapar insectos.

La mayoría de los anfibios adultos es **carnívora**. Esto significa que los anfibios cazan y comen otros animales, llamados **presas**. En su mayor parte, comen insectos, arañas, gusanos y anfibios más pequeños.

Los diferentes anfibios tienen diferentes maneras de encontrar comida. Las **cecilias** no ven bien. Se sientan y esperan que un jugoso gusano pase cerca. Entonces lo atrapan con sus afilados dientes.

◄ Este tritón de manchas rojas está masticando un gusano.

**presa** animal que otros animales matan y comen

## Comida rápida

A diferencia de las cecilias, las ranas pueden saltar con sus patas largas y fuertes para obtener comida.

Las ranas también ven y oyen bien. Tienen lenguas largas y pegajosas. Cuando ven un insecto que quieren comer, sacan la lengua de repente. Ésta se pega al insecto y rápidamente vuelve a la boca de la rana.

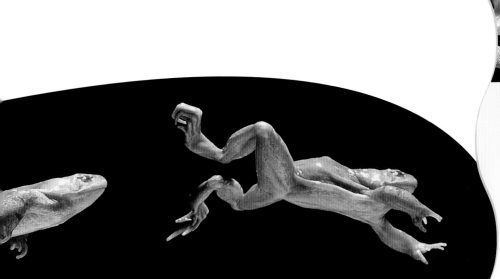

### Rana pegajosa

La rana arbórea de ojos rojos (arriba) vive en la selva **tropical**. Tiene almohadillas pegajosas en los dedos, y se puede agarrar de hojas y ramas.

◀ Con un brinco rápido, una rana puede atrapar insectos para comer en el aire.

**tropical** perteneciente al área en el mundo cercana al Ecuador donde hay humedad y hace mucho calor

## Un gran apetito

Muchos sapos no tienen dientes. Utilizan las patas delanteras para empujar la comida por la garganta. Un solo sapo puede comer 10,000 insectos en un verano. ¡Eso implica tragar mucho!

## Cómo comen las ranas

Las ranas tienen dientes pequeños, pero no pueden masticar la comida como nosotros.

Cuando una rana o un sapo traga comida, hace algo muy extraño. Cierra los ojos y empuja los globos oculares hacia el interior de su cabeza. Esto ayuda a empujar la comida por la garganta. ¡Imagínate si tuvieras que hacer lo mismo para comer!

▼ Una rana toro africana come todo lo que entra en su boca.

## Una boca con patas

La rana cornuda, o escuerzo, es grande y muy colorida. Vive en América del Sur. Le gusta comer insectos grandes, lagartijas, ratones y otras ranas.

La rana cornuda se sienta y espera que la comida se acerque antes de atacar. Tiene una boca enorme que parece ocupar toda la cabeza.

## Mal gusto

Algunas ranas no tienen que preocuparse por lo que comen. Si algo no sabe bien o es venenoso, ¡pueden dar vuelta al estómago y sacarlo por la boca para limpiarlo!

▼ Esta rana cornuda se está tragando un ratón entero. ¡Qué bocado!

# Reproducción

## Los tritones en movimiento

En el estado de Washington, los científicos hicieron un experimento. Llevaron a muchos tritones a aproximadamente 1 milla (1.5 kilómetros) de la laguna donde nacieron. Adivina... Todos los tritones encontraron el camino de vuelta a la laguna.

Los anfibios viven solos la mayor parte del año. Se juntan para **reproducirse**.

## El encuentro

Cuando llega el momento de reproducirse, los anfibios deben encontrar una pareja. Las ranas, los sapos y las salamandras utilizan todo tipo de trucos para atraerse. No se sabe mucho acerca de cómo consiguen juntarse las **cecilias**.

▼ Estos tritones de manchas rojas vuelven a la misma laguna para reproducirse todos los años.

**reproducirse** tener crías

## En busca de una pareja

En la primavera, los anfibios salen y buscan una laguna donde **aparearse**. Generalmente, es la laguna donde nacieron.

A veces viajan a la laguna natal en grandes grupos. Éste es un momento difícil para ellos porque deben cruzar carreteras y vías de ferrocarril. A menudo los pisan los autos. A veces los matan los **depredadores**.

Muchos anfibios se juntan en la laguna para reproducirse.

### "¡Estoy aquí!"

Las ranas y los sapos macho "hablan", o croan, a las hembras haciendo un ruido con la garganta.

Las ranas comunes que ves abajo se han reunido en una laguna para reproducirse. ¡Habrá mucho ruido!

◄ Este sapo no está haciendo un globo con goma de mascar. Está croando.

## Apareamiento

Muchos anfibios hembra ponen cientos de huevos por vez en el agua.

La rana macho se aferra de la espalda de la hembra cuando pone los huevos. Los huevos de las ranas se llaman **huevas**. Puedes haber visto huevas de rana en la laguna de tu zona en primavera. Parecen gelatina.

El **apareamiento** puede durar minutos o varios días, según el tipo de rana.

### Danza en el agua

Los tritones y las salamandras no tienen voz como las ranas y los sapos. Entonces, el macho atrae a la hembra con una danza en el agua.

▼ ¿Puedes ver todos los huevos que ha puesto la rana?

▲ El tritón torosa macho restriega el mentón en la parte posterior de la cabeza de la hembra.

## Huevos en gelatina

Los huevos de los anfibios no tienen una cáscara protectora, como los huevos de las aves. En cambio, están rodeados de una gelatina transparente. Es muy importante que los huevos no se sequen. Si lo hacen, los pequeños anfibios que están dentro morirán.

A menudo, los anfibios ponen muchos huevos porque la mayoría de ellos no **sobrevivirá**. Los huevos resultan ser una comida sabrosa para otros animales; por lo tanto, muchos de ellos son comidos antes de tener la posibilidad de nacer.

## El desove

Muchos anfibios ponen los huevos en el agua. Algunos los ponen en lugares húmedos en la tierra. Las **cecilias** ponen los huevos debajo de hojas o rocas, o en grietas en la tierra.

▼ Éstos son huevos de salamandra. Mira las pequeñas **larvas** blancas que crecen dentro de la gelatina.

## Un gran cambio

Las crías de anfibios son increíbles porque son completamente diferentes de los padres. Sufren un enorme cambio para convertirse en adultos. Este cambio se llama **metamorfosis**.

## De renacuajo a rana

Después de unos días, de los huevos de rana nacen **larvas** activas que se llaman **renacuajos**.

Un renacuajo nuevo tiene una boca, cola y **branquias** plumosas para respirar. Pero no permanece así durante mucho tiempo. Su cuerpo comienza a hacer un cambio sorprendente de renacuajo a rana adulta.

▼ Éste es un renacuajo de rana común. No se parece mucho a una rana todavía.

▶ Las ranas han estado ocupadas poniendo huevos. Mira todas estas **huevas** en el agua.

**larva** etapa temprana de un animal joven que aún no ha adquirido su forma adulta

## Crecer rápido

Muy pronto, crece piel sobre las branquias del renacuajo. Más tarde, comienzan a crecer las patas traseras. Y después vienen las delanteras. Luego, la cola comienza a achicarse muy rápido. Para este momento, el renacuajo tiene pulmones para aspirar aire y necesita salir a la superficie del agua a respirar.

Finalmente, la nueva rana está lista para salir del agua y comenzar una nueva vida en la tierra.

## Sin apuro

Algunas ranas viven en lo alto de las montañas o en lugares fríos. En estos lugares pueden pasar todo el invierno como renacuajos. El frío hace que todo sea más lento.

◄ Esta pequeña rana ya casi ha perdido la forma de renacuajo, pero aún tiene un cabito de cola.

**huevas** masa gelatinosa de huevos de rana

### Cuidado de las crías

Generalmente los padres anfibios dejan que sus crías se cuiden solas. Pero algunas ranas cuidan de las crías durante más tiempo.

### Cuidado maternal

La rana maravilla de Australia vivió hasta principios de la década de 1980. La mamá rana hacía algo inusual. Se tragaba los huevos y los guardaba en el estómago. Ahí, los huevos podían crecer a salvo del peligro.

### Transporte de huevos

El sapo macho **partero** (debajo) tiene un modo muy inteligente de cuidar a sus crías. Lleva los huevos en las patas traseras hasta que los renacuajos nacen y se van nadando.

▲ Ésta es una rana maravilla con uno de sus pequeños, listo para saltar. Desafortunadamente, estas ranas ahora están **extintas**.

**partero** enfermero que ayuda a que nazcan los bebés

## Cuidado especial

La ranita dardo venenosa no pone los huevos en el agua, sino en la tierra. Cuando nacen los nuevos **renacuajos**, la madre los lleva sobre la espalda hasta un árbol. Encuentra pequeñas hojas llenas de agua para las crías. Los renacuajos crecen en estos pequeños charquitos y la madre los alimenta con otros huevos.

## ¿Padres adoptivos?

Recientemente, los científicos han encontrado renacuajos en hormigueros, como el que se muestra abajo, en América del Sur. Las hormigas alimentaron a los renacuajos en charcos de agua debajo del hormiguero. ¿Estaban cuidando a las crías? Nadie puede estar seguro.

## Papá rana

La ranita de Darwin vive en arroyos de América del Sur. La rana macho cuida los huevos durante dos semanas. Luego se los traga. Los huevos crecen en la piel suelta debajo del mentón. Cuando están listos, saltan y salen.

**extinto** que murieron todos, que desaparecieron por completo

# Defensa

A muchos animales les gusta comer anfibios. Sin embargo, los anfibios tienen muchas formas de protegerse contra esos **depredadores**.

## Ranas venenosas

Las pequeñas ranas flecha venenosa de América del Sur producen un veneno mortal. Una pequeña cantidad puede matar a una persona. Los nativos del Amazonas han encontrado un uso para este veneno. Lo ponen en la punta de las flechas para cazar. Cuando tiran una flecha venenosa a un animal, éste muere rápidamente.

## ¡No te acerques!

La rana flecha venenosa (debajo) tiene colores brillantes para alejar a los atacantes. Los colores dicen: "¡No te acerques! Soy venenosa".

**depredador** animal que mata y come otros animales

## Venenos útiles

El veneno de la rana flecha venenosa dorada (debajo) puede resultar útil algún día en la medicina. Una pequeña cantidad de este veneno puede ayudar a las personas que tienen problemas del corazón.

## Cuidado con las ranas

Las ranas flecha venenosa tienen colores hermosos y brillantes. Las personas las cazan y las venden como mascotas coloridas. Pero hay que tener cuidado... Cualquiera que toque estas ranas puede estar en peligro. Si el veneno entra en una herida, puedes morir de un ataque al corazón instantáneo.

## Tritones venenosos
Un modo de evitar que algo te coma es matarlo primero.

## La *taricha granulosa*
Algunos tritones tienen piel muy venenosa. La *taricha granulosa* vive en América del Norte. Es una de las salamandras más venenosas. Un solo tritón tiene veneno suficiente en su cuerpo para matar a 1,500 ratones. Incluso una pequeña cantidad puede matar a una persona. No existe un **antídoto** conocido para este veneno.

## Trátalo con cuidado
En 1979, un hombre de Oregon apostó que podía comer una *taricha granulosa* venenosa (debajo) sin que le pasara nada. No ganó la apuesta. Murió inmediatamente después de tragarse el tritón.

**antídoto** medicamento que contrarresta la acción de un veneno

## Los mismos colores

El tritón torosa de los Estados Unidos es de color rojo y anaranjado brillante. Estos colores advierten a las aves y las serpientes que no deben comer el tritón.

La salamandra roja también tiene colores brillantes, pero no es nada venenosa. **Imita,** o copia, los colores de la salamandra venenosa. Aunque la salamandra roja es inofensiva, su color envía un mensaje de advertencia para que los **depredadores** se alejen. Un buen truco, ¿verdad?

## Enróscate y rueda

La salamandra de Mount Lyell vive bajo las rocas en las montañas de California. Tiene una manera muy particular de protegerse. Si está asustada, se enrosca y rueda montaña abajo.

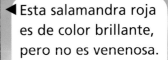

◄ Esta salamandra roja es de color brillante, pero no es venenosa.

**imitar** simular ser otra cosa

## El sapo mortal

El sapo de caña es el sapo más grande del mundo. Proviene de América del Sur.

En la década de 1930, los sapos de caña fueron introducidos en Australia, el Caribe y los Estados Unidos para comer los insectos que estaban dañando las plantas de **caña de azúcar**. Estos animales hicieron un buen trabajo. Pero luego comenzaron a tomar el control. Se comieron casi todo.

### ¡Cuidado!

Un sapo de caña grande puede lanzar un chorro de veneno a una distancia de hasta 12 pulgadas (30 centímetros). El veneno lechoso y espumoso viene de atrás de la cabeza del sapo de caña (debajo).

► Este sapo de caña está masticando una pequeña serpiente.

**caña de azúcar** planta de donde proviene el azúcar

## Un apetito enorme

Los sapos de caña tiene un gran apetito. Engullen insectos como escarabajos, grillos y hormigas. Comen caracoles y también otras ranas y sapos. ¡Incluso comen abejas! Comen la comida de las mascotas y las sobras de la casa si quedan afuera.

Con toda esta comida, no es sorprendente que los sapos de caña lleguen a ser tan grandes como el plato donde comes la cena.

### Peligro para las mascotas

La piel del sapo de caña tiene un veneno mortal. Quema los labios de los perros o gatos que levantan el sapo con la boca. Generalmente sueltan al sapo de inmediato. Esto es bueno, porque comerse un sapo de caña sería un error mortal.

▲ Este montón de sapos de caña se ha reunido para atrapar los insectos que vuelan alrededor de las lámparas a la noche.

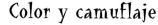

## Color y camuflaje

La apariencia es importante si eres un anfibio. Puede ser cuestión de vida o muerte.

Algunos anfibios pueden cambiar de color. Un tipo de rana puede vivir en el desierto gracias a su color. Cambia de marrón a blanco en la brillante luz del sol. El color blanco refleja el sol y evita que la rana se queme con el sol.

## Esconderse con colores

Muchos anfibios tienen colores y dibujos que se mezclan bien con el entorno. Este tipo de colorido se llama **camuflaje**. La rana excavadora (arriba) vive en los bosques de Australia. Su color marrón verdoso hace que sea difícil de ver.

**camuflaje** colores y diseños que se confunden con el entorno

## Mensajes de advertencia

El sapo vientre de fuego tiene la espalda verde y negra. También tiene un vientre rojo y anaranjado brillante que advierte a los **depredadores** que es venenoso.

Si se asusta, levanta la cabeza y las patas para mostrar estos vivos colores. Esto puede asustar a un depredador por unos momentos. Entonces el sapo tiene unos segundos para escapar.

## Colitas movedizas

Las salamandras (debajo) mueven sus colas para todos lados para confundir a los depredadores. ¡También pueden perder la cola por completo! La cola se retuerce en el piso mientras la salamandra se escapa. Luego le crece una nueva.

◄ Este sapo vientre de fuego tiene colores brillantes para asustar a sus atacantes.

# Extraños y hermosos

Aunque la mayoría de los anfibios necesitan vivir en lugares húmedos, algunos pueden **sobrevivir** en desiertos calurosos o lugares helados.

## ¡Congelada viva!

La rana sylvatica sobrevive inviernos sumamente fríos. Se forma hielo alrededor de su cuerpo. Su corazón deja de latir y sus pulmones dejan de funcionar. Pero no se muere. La rana produce un tipo de **anticongelante** que la mantiene viva. Cuando viene la primavera, la rana se **descongela** de nuevo.

## Salamandra congelada

En las montañas nevadas como las de debajo, la temperatura puede bajar hasta -58 °F (-50 °C). Aunque parezca mentira, un anfibio llamado salamandra siberiana puede vivir en este lugar helado.

**anticongelante** líquido que no se congela a temperaturas debajo de 32 °F (0 °C)

## Una larga espera

Las ranas del desierto australiano no la pasan muy bien. Hace mucho calor en el desierto, y es muy seco. Es posible que no llueva durante diez años. Entonces, ¿cómo sobrevive esta rana?

La rana excava un hoyo en la tierra y espera. Vive con el agua que ha almacenado en el cuerpo. Cuando finalmente llueve, es hora de despertarse.

## Sano y saludable

El sapo africano (abajo) vive en aguas cálidas y estancadas, llenas de **virus**. La piel del sapo fabrica una sustancia especial que ataca los virus, entonces el sapo se mantiene sano y saludable.

▼ A veces la rana del desierto australiano se llama rana almacenadora de agua.

## Una gran sorpresa

En 1835 un hombre llamado John Bruton vio una roca enorme caerse de un vagón. Se partió. Para su sorpresa, ¡del agujero salió un sapo vivo!

## Un misterio sin resolver

Parece que algunos anfibios pueden **sobrevivir** dentro de la roca sólida. Algunos albañiles derriban viejas paredes y encuentran un sapo encerrado adentro.

En 1995 un niño de Gales recogió una lata de gaseosa. Había una rana adentro, pero misteriosamente era demasiado grande para salir.

¿Como se meten en esos lugares esas ranas y sapos?

▲ Los sapos de caña, como éste, aparecen en todos lados.

## ¡Atrapadas!

Las latas de gaseosas y las grietas en las rocas son lugares frescos y húmedos. Las ranitas pequeñas y jóvenes se pueden escurrir dentro de ellas. Los insectos también se refugian en estos lugares, entonces la rana puede comer y crecer. Cuando crece, queda atrapada adentro.

Con agua y comida, una rana podría vivir años prisionera.

▼ En el pasado, las ranas y los sapos se consideraban misteriosos. Se han asociado con la magia y las brujas durante cientos de años.

◄ Las grietas en las rocas son buenos escondites para los anfibios.

## La vida en los árboles

Algunos anfibios pasan toda la vida en la copa de los árboles.

Muchas ranas arbóreas nunca bajan de los árboles. Se **aparean** y ponen los huevos en las ramas altas. Cuando nacen los **renacuajos**, se caen a las charcas debajo. Pero vuelven a subir cuando se convierten en ranas adultas.

## Ranas arbóreas

Existen alrededor de 800 **especies** de ranas arbóreas (debajo) conocidas. Puede haber muchas más ranas arbóreas en las **selvas tropicales** que no conocemos aún.

▶ Esta rana voladora de Wallace está "volando" a través del aire para escapar del peligro.

**selva tropical** bosque que crece en las partes cálidas del planeta donde llueve mucho

## Ranas voladoras

¡Algunas ranas pueden volar! En realidad, **planean** en lugar de volar. Las cuatro patas enormes tienen pedazos de piel entre los dedos. Las ranas separan los dedos como pequeños **paracaídas** cuando saltan de árbol en árbol.

La rana voladora de Wallace puede planear casi 15 metros en el aire. Eso es aproximadamente el largo de cuatro automóviles.

## Bananas viajeras

Algunas ranas arbóreas viven en bananos. Cuando se cosechan las bananas y se envían a todo el mundo, algunas ranas arbóreas se pueden ir con ellas. ¡Búscalas la próxima vez que compres bananas!

▶ Las ranas arbóreas de Trinidad son muy pequeñas. Pueden viajar alrededor del mundo escondidas entre las hojas de las plantas.

**paracaídas** pliego de tela en forma de paraguas que se utiliza para saltar de un avión en forma segura.

## Cantos curiosos

Cada **especie** de rana tiene un croar diferente. A algunas ranas se les ponen nombres de acuerdo al tipo de croar que emiten. Hay ranas toro, ranas oveja, ranas ladradoras, ¡e incluso ranas banjo!

▶ Este murciélago labiornado ha atrapado una rana.

## Los sonidos del peligro

A veces, croar puede ser peligroso para las ranas. Les dice a otros animales dónde están.

El murciélago labiornado de América del Sur come ranas. Presta atención al sonido de su croar. Una laguna llena de ranas croando se queda en silencio de repente cuando aparece un murciélago. Ninguna rana se mueve o emite un sonido hasta que el murciélago se ha ido.

especie clase de ser vivo, animal o vegetal

## Sonidos de sirena

Las sirenas son salamandras que viven en el agua. Cuando el agua se seca, se meten en el barro. Se envuelven en una capa de baba para permanecer húmedas. Viven así durante muchos meses hasta que llueve nuevamente. Cuando llueve y la laguna se vuelve a llenar, las sirenas vuelven a la vida.

Si un **depredador** trata de atraparlas, las sirenas lanzan un aullido. ¡Algunas incluso pueden hacer un sonido como un ladrido!

## Llamados de sapo

El sapo corredor vive en Europa. Es posible que sea el anfibio más ruidoso de Europa. El croar del macho se puede oír desde kilómetros de distancia. ¡Nosotros tendríamos que gritar muy alto para que nos escuchen desde la misma distancia!

◄ Los sapos corredores emiten un croar muy fuerte. Suena así: rrrRup, rrrRup.

# Anfibios en peligro

Muchos anfibios ahora son muy poco comunes. Algunos podrían desaparecer para siempre.

## Amenazadas

La rana corroboree es de color negro y amarillo brillante. Vive solamente en los montes Nevados de Australia. En los últimos años desaparecieron casi tres cuartas partes de las ranas que había antes. Nadie sabe por qué. Quizás los seres humanos y sus animales dañaron la tierra donde viven estas ranas.

## Sapo desaparecido

El sapo dorado, como el de arriba, no se ha vuelto a ver en América Central desde 1989. En ese momento, los científicos creían que sólo quedaban once sapos. Es muy triste, pero probablemente ahora este sapo está **extinto**.

▶ Las salamandras y los tritones son mascotas populares. Sacarlas de su hábitat natural es malo para ellos. Muchos ahora están en peligro de desaparecer.

**extinto** que murieron todos, que desaparecieron por completo

## Salamandras en desaparición

La salamandra alpina está en grave peligro de desaparecer. Las personas han agotado el agua del lugar donde vivían en Italia. Debido a esto, las salamandras están perdiendo su **hábitat**. Las personas también han atrapado estas salamandras para tenerlas como mascotas.

Algunos tritones europeos también son poco frecuentes ahora. El que probablemente esté desapareciendo más rápido de todos es el tritón crestado europeo. Las personas están cambiando y destruyendo su hábitat en los ríos. A los tritones les resulta difícil continuar **sobreviviendo**.

¿Qué sucedió con...?

Los científicos descubrieron a la rana maravilla (debajo) en 1973. Pero menos de diez años más tarde, había desaparecido de la naturaleza. ¿Qué hizo desaparecer a estas ranas? ¿Agua envenenada? ¿O una enfermedad las mató? Nadie puede estar seguro.

## Agua envenenada

Los venenos que utilizamos para matar a los insectos y otras pestes terminan en nuestros ríos. Las ranas pueden tomar agua a través de la piel. Si hay venenos en el agua, también los beben.

## Zona peligrosa

Los científicos están preocupados. Los anfibios están desapareciendo. Desde la década de 1960, el número de anfibios ha disminuido todos los años.

Sacamos a los anfibios de su hábitat para tenerlos como mascotas. Sacamos más agua de los ríos que antes. También echamos venenos en nuestros ríos y arroyos. Éstas, y otras cosas que hacemos, tienen un efecto negativo en los anfibios que viven alrededor de nosotros.

**larva** etapa temprana de un animal joven que aún no ha adquirido su forma adulta

> ▼ Si no cuidamos nuestros lagos y ríos, morirán más y más anfibios.

## Peces peligrosos

Las personas introducen gambusias, o peces mosquito (debajo) en algunos lagos para que coman las **larvas** de los mosquitos. Pero los peces también se tragan las larvas de los anfibios. En donde esto sucede, menos ranas y salamandras logran **sobrevivir** y no alcanzan la adultez.

## Los anfibios y nosotros

Los anfibios siempre nos han sorprendido con sus colores brillantes, sus venenos y su cambio increíble de huevo a adulto.

Han estado en el planeta Tierra durante mucho más tiempo que nosotros. A los seres humanos les queda mucho por hacer para mejorar las condiciones de los anfibios. Aún tenemos mucho que aprender sobre estos animales increíbles.

# Descubre más

## Organizaciones

**Museo Nacional de Historia Natural**
El museo forma parte del Instituto Smithsonian. Tiene la mayor colección de especímenes de la historia natural del mundo. Puedes comunicarte con ellos escribiendo a la siguiente dirección: **National Museum of Natural History, Smithsonian Institution, 10th Street and Constitution Avenue, NW Washington, D.C. 20560-0135**

## Bibliografía

Clarke, Barry. *Anfibios (DK Eyewitness Books)*. DK Children, 2004.

Silva Lee, Alfonso. *Coqui y sus amigos: Los animales de Puerto Rico/Coqui and His Friends: The Animals of Puerto Rico*. Pangea, 2000.

## Búsqueda en Internet

Para averiguar más sobre los anfibios, puedes hacer una búsqueda en Internet. Utiliza palabras clave como las siguientes:

- "salamandra china gigante"
- venenoso + tritón
- "rana cornuda"

Puedes encontrar tus propias palabras clave utilizando palabras de este libro. Los consejos de búsqueda de la página 53 te ayudarán a encontrar sitios web muy útiles.

## Consejos de búsqueda

Hay miles de millones de páginas en Internet. Puede resultar difícil encontrar exactamente lo que estás buscando. Estos consejos te ayudarán a encontrar sitios web útiles más rápidamente:

- Piensa qué es lo que quieres averiguar
- Utiliza palabras clave simples
- Utiliza de dos a seis palabras clave en una búsqueda
- Sólo utiliza nombres de personas, lugares o cosas
- Utiliza comillas para las palabras que van juntas, por ejemplo, "sapo de caña"

## Dónde buscar

**Motor de búsqueda**

Los motores de búsqueda buscan en millones de páginas de sitios web. Enumeran todos los sitios que coinciden con las palabras del cuadro de búsqueda. Verás que las mejores coincidencias aparecen en primer lugar en la lista, en la primera página.

**Directorio de búsqueda**

En lugar de una computadora, una persona ha clasificado un directorio de búsqueda. Puedes realizar tus búsquedas por palabra clave o por tema y buscar en los diferentes sitios. Es como buscar en los libros de los estantes de una biblioteca.

### Cantidad de criaturas increíbles en el mundo

Criaturas: Anfibios, Mamíferos, Reptiles, Aves, Peces, Arácnidos, Moluscos, Insectos

Cantidad de especies (aproximada): 0, 20,000, 40,000, 60,000, 80,000, 100,000, 120,000, 140,000, 160,000, 180,000, 1,000,000

# Glosario

**anticongelante** líquido que no se congela a temperaturas debajo de 32 °F (0 °C)

**antídoto** medicamento que contrarresta la acción de un veneno

**aparearse** cuando se unen un animal macho y un animal hembra para producir crías

**branquias** estructuras delicadas como las plumas que permiten que un animal respire bajo el agua

**camuflaje** colores y diseños iguales al entorno

**caña de azúcar** planta de donde proviene el azúcar

**carnívoro** animal que come carne

**cecilia** anfibio cavador que no tiene patas

**depredador** animal que mata y come otros animales

**descongelarse** cuando se derrite el hielo o la nieve

**desprenderse** deshacerse de algo o perder algo

**especie** clase de ser vivo, animal o vegetal

**extinto** que murieron todos, que desaparecieron por completo

**glándula** parte del cuerpo que produce sustancias químicas, como venenos o jugos gástricos

**hábitat** hogar natural de un animal o planta

**huevas** masa gelatinosa de huevos de rana

**imitador** un ser vivo que puede copiar a otro ser vivo

**impermeable** que no permite el paso del agua

**larva** etapa temprana de un animal joven que aún no ha adquirido su forma adulta

**metamorfosis** cambio del estado de larva al de adulto

**nutriente** sustancia que se encuentra en los alimentos y que es necesaria para que el cuerpo crezca fuerte y sano

**oxígeno** uno de los gases del aire y del agua que todos los seres vivos necesitan

**paracaídas** pliego de tela en forma de paraguas que se utiliza para saltar de un avión en forma segura

**partero** enfermero que ayuda a que nazcan los bebés

**planear** deslizarse en el aire

**presa** animal que otros animales matan y comen

**renacuajo** estado joven, o larva, de una rana, sapo, tritón o salamandra

**reproducirse** tener crías

**selva tropical** bosque que crece en las partes cálidas del planeta donde llueve mucho

**sensor** pequeño colgajo carnoso
de piel que se utiliza para oler,
degustar o tocar

**sobrevivir** permanecer vivo a pesar
del peligro y las dificultades

**torbellino** columna de aire que
da vueltas y vueltas muy rápido

**tropical** perteneciente al área en el
mundo cercana al Ecuador donde
hay humedad y hace mucho calor

**virus** criatura muy pequeña que causa
algunas enfermedades

# Índice